最後まで見てくれて ♡
♡ ありがとうございます!!
これからも ヨロシクお願いします☺☆

上矢えり奈

#10年後泣くやつ
上矢えり奈

Staff：
Photographer　　　pon
Stylist　　　　　　松田亜侑美
Hair&Make-up　　　太田順子
Designer　　　　　ririko
Producer　　　　　斉藤弘光 (TRANSWORLD JAPAN)
Editor　　　　　　RAIRA(TRANSWORLD JAPAN)
Sales　　　　　　　原田聖也 (TRANSWORLD JAPAN)

撮影協力：
松崎牧場
北の珈琲工房時計台
能取の荘かがり屋
思い出のふらの
かんのファーム
黒垣邸
間島邸

2019年9月25日　初版第1刷発行
発行者　　　佐野 裕
発行所　　　トランスワールドジャパン株式会社
　　　　　　〒150-0001 東京都渋谷区神宮前6-34-15 モンターナビル
　　　　　　Tel：03-5778-8599　Fax：03-5778-8743
印刷・製本　日経印刷株式会社

○定価はカバーに表示されています。
○本書の全部または一部を、著作権法で認められた範囲を超えて無断で複写、複製、転載、あるいはデジタル化を禁じます。
○乱丁・落下本は子社送料負担にてお取り替えいたします。

Printed in Japan　ISBN 978-4-86256-266-1
©Erina Kamiya,Transworld Japan Inc.2019